*15 septembre 1873.*
*Caen*

# VENTE VOLONTAIRE

## Le Lundi 15 et Mardi 16 septembre 1873, à 1 heure d'après-midi, à CAEN

### EN LA SALLE DES VENTES, NOUVEAU BOULEVARD

D'UNE

## RÉUNION

# D'OBJETS D'ART

### Bijoux normands, Porcelaines, Faïences, Émaux, Guipures et Armes

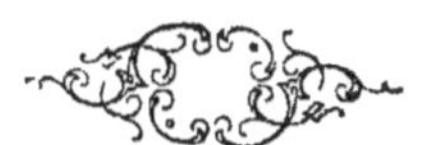

ON PEUT SE PROCURER LE CATALOGUE

### Chez M. BENOIST, commissaire-priseur

A CAEN

CAEN, TYPOGRAPHIE C. HOMMAIS

Rue Froide, 12

# CONDITIONS DE LA VENTE

## ELLE SE FERA AU COMPTANT

Les acquéreurs paieront en sus de leur prix d'adjudication
dix centimes par franc, applicables aux frais.

---

L'exposition mettant les adjudicataires à même de se rendre
compte de la nature et de l'état des objets, il ne sera admis
aucune réclamation une fois l'adjudication prononcée.

---

# EXPOSITION

Le Dimanche 14 septembre 1873, de midi à
5 heures

# VENTE VOLONTAIRE

## Le Lundi 15 et Mardi 16 septembre 1873, à 1 heure d'après-midi, à CAEN

EN LA SALLE DES VENTES, NOUVEAU BOULEVARD

D'UNE

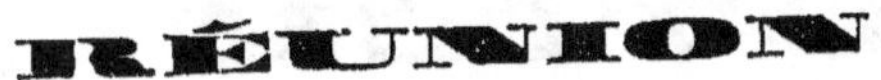

# RÉUNION

# D'OBJETS D'ART

**Bijoux normands, Porcelaines, Faïences, Émaux, Guipures et Armes**

ON PEUT SE PROCURER LE CATALOGUE

## Chez M. BENOIST, commissaire-priseur

A CAEN

# NOTICE

❧⟡❧

1 Deux vases à arbustes en cuivre, repoussé de fleurs, lettres et armoiries ; les anses formées d'anneaux irréguliers, s'abattent sur des mascarons barbus.

2 Deux autres exactement semblables.

3 Deux appliques de style Louis XIII à bustes saillants dans des branchages : cuivre fondu et ciselé.

4 Cassette en broderie d'argent et de soie, époque Louis XIII : sur le couvercle, un tableau très-fin, représentant un sujet religieux ; conservation admirable.

5 Cabaret en vieux Sèvres, pâte tendre, formé d'un plateau, une théière, un pot à lait, un sucrier, une tasse avec sa soucoupe, le tout décoré de bouquets. Le couvercle de la théière manque.

6 Six coquetiers à anses élégants, décorés de bouquets : vieux Sèvres tendre.

7 Compotier décoré de bleuets en vieux Sèvres tendre.

8 Petit plateau de forme ovale, décoré de guirlandes en camaïeu rose (vieux Sèvres tendre).

9 Charmant petit sucrier en porcelaine tendre, portant, gravée en creux, la marque D. V. : Duc de Villeroy, et provenant de son usine, aujourd'hui détruite, de Mennecy (Seine-et-Marne).

10 Deux mandarines, variées de développement, en vieux Japon polychrôme.

11 Grand broc affectant la forme élégante des anciens produits Normands. Il est en vieux Sèvres, pâte tendre à la lettre B, et décoré d'un semis de roses. Pièce rare.

12 Grand Crucifix en argent, avec nombreux accessoires, également en argent. La croix qui repose sur un socle richement profilé, est aussi bien que le socle en ébène et écaille rouge (Travail Français du temps de Louis XIII).

13 Petit coffret Japonais à fond de Laque noire, rehaussée de figures et ornements en Laque d'or.

14 Trente-six petites coupes Japonaises, recouvertes d'une enveloppe en Vannerie, d'une finesse extrême ; à l'intérieur des bustes de femme à costumes et émaux variés.

15 Grand émail de Limoges, composé de neuf
figures : La Sépulture du Christ. — Excel-
lente époque et fort belle qualité.

16 Autre émail du XVIe siècle, représentant peint
en losange un buste de femme avec l'inscription Hélène.

17 Email italien de la renaissance avec buste d'une
Grande Duchesse de Toscane, d'un très-beau
caractère ; autour du lit, l'inscription suivante :
*Elenos suis Capelleios.*

18 Plaque en émail de Limoges, représentant la
Scène, les figures parfaitement peintes, sont
comme les mains légèrement teintées, les dra-
peries des personnages rehaussées d'or, à part
quelques éraillures insignifiantes sur les bords.
Cette ravissante pièce est en parfait état de
conservation.

19 Cinq éventails avec riches montures du temps
de Louis XVI.

20 Trois statuettes anciennes et un bas-relief circulaire en ivoire

21 Poignard de dame à lame courbe ; le fourreau et
la poignée en vermeil : travail d'Ispahan.

22 Poignard Persan à lame droite (Kama) en damas
noir et à gorge, avec inscriptions damasqui-
nées d'or. La poignée en ivoire est enrichie
de bossettes en fer aussi damasquiné d'or : le
fourreau en argent repoussé, figure des oi-
seaux et des fleurs avec nombreux cavaliers
poursuivant des animaux. — Fort belle pièce.

23 Poignard Circassien avec poignée et fourreau en
argent, recouverts de niels d'un goût très-
pur et d'une conservation remarquable. —
Ravissante pièce.

24 Yatagan à lame très-curieusement gravée, la
poignée à ailerons et le fourreau en cuivre
repoussé, enrichi de pierreries.

25 Petite trousse composée d'un couteau et d'une
broche ; la façon merveilleuse dont ces deux
bijoux ont été damasquinés, indiquent qu'ils
remontent à la plus belle époque de la fabrication Persane.

26 Deux pistolets à canons bleuis avec riches montures en argent ciselé.

27 Grand couteau Catalan avec poignée, partie en
ivoire.

28 Petite trousse Louis XIII, montée en argent, les
poignées sont en onix orientale, le fourreau en
galuchat.

29 Amorçoir en ambre avec personnages en relief
portant des costumes du temps de Louis XIV.
Tout autour , une inscription analogue au
sujet.

30 Autre amorçoir figurant un poisson, monté en argent.

31 Huit pierres gravées.

52 Portrait présumé de M^me de Récamier (Voir l'inscription qui se trouve au revers).

53 Fixé dans un écrin, représentant une halte de
cavaliers.

34 Deux flacons richement montés.

35 Plaque de la renaissance en cuivre argenté avec
personnages en relief sous un portique.

36 Douze Montres en or, époque Louis XIV,
Louis XV et Louis XVI, plusieurs très-remar-
quables ; les deux lentilles de celles qui se
trouvent dans un écrin sont en cristal de
roche.

37 Dix-huit Montres en argent, la plupart du temps
de Louis XIV, toutes sont à double boitier,
quelques-unes à jour, et dans la quantité de
remarquables échantillons d'horlogerie.

38 Six Montres en cuivres Louis XIII, Louis XIV et
Louis XVI, plusieurs garnies en chagrin avec
cloutage métaliques. Les plus grosses, sont en
cuivre lisse, gravé ou à jour, avaient leur em-
ploi spécial dans les voyages.

39 Deux grandes Croix Normandes en or.

40 Six Croix d'Alençon en or.

41 Quarante-sept Croix d'Amiens en or.

42 Croix d'abbesse à branches droites, en or, avec
fleurs de lys aux extrémités.

43 Trois Croix de Beaugency en or.

44 Douze Croix d'Amiens (Jeannettes), de forme
droite en or.

45 Six Bagues en or, enrichies chacune d'un double rang de roses (10 roses chacune), travail
de Florence.

46 Collier en or émaillé avec pendentif terminé par
une perle (travail du XVI° siècle).

47 Papillon terminé par un St-Esprit, le tout enrichi
de marcassites.

48 Croix d'or du temps de Louis XIII et de la pre-
mière période de son règne, elle est enrichie
de diamants table.

49 Jeannette en vermeil, même époque, le nœud et
la croisette sont inscrustés de roses.

50 Trois Cœurs en or repoussé

51 Coulisseau nœud à double Bélière, avec rosace
au centre et ailes latérales, argent et strass.

52 Pendentif à trois crochets intérieurs en argent,
filigrane et vermeil.

53 Quatre esclavages en or avec leurs chaînes et
leurs médaillons.

54 Deux Boucles d'oreilles circulaires en or, avec
pierres rouges et branches en forme d'S dans
la partie centrale.

55 Trois Jaserons à mailles fines en or, avec leurs
fermoirs.

56 Cinq Cachets en or, deux avec pierres.

57 Quatre Plaques de collier en or, gravé et
émaillé.

58 Epingle à tête pentagone arrondie en or, lisse et
filigrane.

59 Cassolette ovoïde Louis XVI en or, avec huit
côtes enrichies d'ornements ciselés en relief.

60 Reliquaire en or ciselé : travail Espagnol du
temps de Louis XIII.

61 Collier en vermeil enrichi de 17 camées durs.

62 Trois bagues Louis XIII, argent et pierres.

63 Deux croix droites en argent.

64 Deux boucles d'oreilles en or, composées de
deux cercles enlacés dans un centre de forme
ovale légèrement arrondie.

65 Grande Boucle étroite en argent, autre beaucoup
plus petite, et charmant Nœud de Croix
d'Alençon en argent, ces deux dernières pièces montées de strass.

66 Trois Châtelaines et deux crochets de Châte-
laine.

67 Fort beau crochet-agrafe en vermeil, formé de
deux figures à haut relief accordées à une
sorte d'écusson en pierre rouge, dans le bas
sur un ruban, une troisième figure beaucoup
plus petite.

68 Onze miniatures, plusieurs cerclées partie or et
vermeil, celle provenant d'un bracelet est re-
couverte d'une enveloppe entièrement gravée
et des premières annés du règne de Louis XIV.

69 Dix boîtes, dont plusieurs intéressantes, en
écaille, émail de Saxe, émail cloissonné de
Mixco (Japon), argent, nacre, vernis Martin,
Morse et Pomponne.

70 Dix-huit forts beaux couteaux de dessert, à
manches d'ivoire, renfermés dans une gaine.

71 Trousse en cristal de roche, gravé et argent
ciselé, légèrement oxidé : elle se compose
d'un couteau, une fourchette et une cuil-
lère. La coupe de cette dernière qui figure un masque à sa naissance, est main-

tenue par le poitrail et les pattes d'un hip-
pocampe du plus beau caractère.

72 Trois merveilleuses boîtes Japonaises en laque
d'or d'un travail précieux.

73 Bras lumineux dont l'applique est formée d'un
bas-relief représentant une sainte famille.

74 Superbe bénitier en bronze ciselé, époque Louis
XV.

75 Quatre coupes en agate rubanée du Tyrol.

76 Magnifique boîte guillochée et ciselée en vermeil,
provenant de la vente après décès d'un mæs-
tro très-connu, dont elle porte d'ailleurs les
initiales.

77 Petit collier en perles avec fermoir en argent, le
chaton paraît être un très-gros Jargon ?

78 Presse-papier en agate mousseuse et diaphane
du Tyrol.

79 Aigle en cuivre ciselé et doré.

80 Petit étuis en nacre à figure finement sculptée
avec monture en or.

81 Deux croix de rose croix et une grande décoration de maître.

82 Ouvrage imprimé à Ulm en 1720. La couver-
ture en argent ciselé, gravé et découpé à jour,
est des plus remarquables ; deux fermoirs
aussi en argent déconpé servent à la maintenir.

83 Petit bas-relief en or repoussé et émaillé ; ce bi-
jou précieux représente Charlemagne en grand
costume : le manteau d'hermine, la couronne
impériale, le glaive et la boule du monde.

84 Manuscrit sur velin, d'une pagination considé-
rable et d'une rare pureté calligraphique. La
sobriété des enluminures est loin de déplaire
dans ce livre, exécuté avec une rare patience
et une perfection soutenue.

85 Très-grande parure en vermeil filigrané, provenant d'une célèbre maison de Gênes.

86 Petit cabinet en ivoire et marqueterie métallique
de Bombay.

87 Cinq flacons chinois de forme lenticulaire et
aplatie, à goulots courts.

88 Bague en or avec cinq grosses roses, provenant
du grand vicariat de l'évêché de Blois, dans
un écrin clouté d'argent.

89 Bague ovale Louis XVI en or et roses, trois sur
la partie centrale et quatorze au pourtour.

90 Six manches de couteaux en vieux Saxe de très-
belle et très-ancienne qualité.

91 Groupe de deux figures Chinoises en cristal de
roche, et Sceau de Mandarin, surmonté du
chien de Fo aussi en cristal de roche.

92 Cachet taillé en cristal de roche d'une eau très-
brillante.

93 Cachet en cristal de roche fumé.

94 Tête de mort en cristal de roche.

95 Boule de Lustre à facettes en cristal de roche.

96 Agrafe double en argent, époque Louis XIII.

97 Brûle parfums en argent, suspendu à une chaîne
de même métal.

98 Bracelet en vermeil ciselé, enrichi de nombreuses
   pierres.

99 Épingle à cheveux de même métal, sauf la tige
   qui paraît être en cuivre.

100 Deux fortes boucles d'oreilles chinoises en or
   fin ; les ornements sont formés de caractères
   dont le sens doit être intéressant. Provien-
   nent du palais d'été de l'Empereur, Riat-Sing.

101 Fort beau bas-relief en bronze doré : Alexan-
   dre VII.

102 Tabatière formée d'un coquillage avec monture
   en vermeil.

103 Figurine en porcelaine de Vienne, d'une finesse
   extrême.

104 Chien en porcelaine de Saxe.

105 Petit bas-relief sous verre, formé de trois figures
   en ivoire.

106 Charmant flacon en émail avec monture en argent,
   époque Louis XIV.

107 Flacon piriforme en porcelaine fine de Saxe,
   d'un très-brillant émail. La vitrification de
   cette rare petite pièce a été poussée jusqu'à la
   dernière limite du possible.

108 Deux ornements de costumes abyssiniens en
   argent.

109 Boucles d'oreilles à pendentifs de rechange en
   or et perles.

110 Bague en or enrichie de quatre pierres vertes.

111 Bague en or figurant un serpent enroulé portant
   sur son chef une pierre verte.

112 Tonneau, étuis et manche de couteau en ivoire
sculpté.

113 Petite tasse à bec en porcelaine richement émail-
lée, de la Chine. La nature cremeuse et le
blanc de l'émail pourrait infirmer cette défi -
nition : ce petit échantillon pourrait bien être
italien.

114 Petit bas-relief en ivoire sculpté et peint, il représente un sujet maritime avec forteresse et
figures d'une finesse exceptionnelle.

115 Gravure sur buis, étuis piqués d'argent, et bous-
sole avec inscriptions en texte chinois.

116 Trois lots de médailles composés comme suit :
    2 Grandes monnaies françaises.
    9 Pièces du moyen-âge dont 7 en argent.
    50 Jetons d'argent dits Etats-de-Bretagne aux
      armes de France et de Bretagne.

117 Deux petits émaux dont un à figures d'enfants.

118 Etuis garnis en argent, renfermant à l'intérieur
nombre d'objets aussi en argent.

119 Reliquaire Louis XIII à double compartiment
en cuivre gravé.

120 Décoration maçonnique à l'effigie de Henri IV,
centre de bracelet monté argent avec bas-
relief bleu, et bas-relief en nacre avec per-
sonnage jouant de la mandoline.

121 Deux aumônières entièrement brodées en argent : l'une aux armes de France, l'autre à
celles du duc de Richelieu.

122 Charmant petit plat à reflets métalliques rouges

d'un puissant effet : fabrique Sicile au XVe siècle.

123 Ravissant socle chinois en bois sculpté.

124 Petit tapis de table persan, de fabrication très-ancienne, aux couleurs très-brillantes.

125 Grand et magnifique volant en guipure du XVIe siècle.

126 Deux larges bandes de guipure fine.

127 Quatre autres pièces en guipure.

128 Très-remarquable émail circulaire dans une bordure noire et dorée : buste en grisaille et lauré de l'empereur Domitien.

129 Autre émail d'une extrême rareté : figure équestre en splendide costume ; sur le poitrail gauche du cheval, armoirie formée de deux lions passants.

130 Amorçoir en forme de Rhiton en ivoire profilé du temps de Louis XIV ; la garniture en argent gravé et repoussé représente des figures drapées et des têtes ailées.

131 Grande-Croix de corporation religieuse en argent filigrané de Gênes.

132 Fanchon Marie-Antoinette.

133 Assiette normande ou Carquois de la fabrique de Dieul.

134 Vingt-huit Jetons d'argent d'un poids exceptionnel et d'une conservation parfaite, d'un côté ils représentent un hôtel circulaire supportant un vase d'où s'échappent des parfums, de l'autre les armes d'un cardinal-archevêque de Rouen.

135 Deux boîtes formées de pièces en argent et
deux médailles religieuses aussi en argent.

136 Quatre grandes pièces en argent.

137 Aiguière en étain, par Briot. Les motifs de cette
épreuve, malheureusement un peu dure, sont
d'un goût exquis et sa conservation parfaite.
(Les objets d'art de cette nature deviennent
de plus en plus rares et les exemplaires irré-
prochables ne s'obtiennent, quand on les
trouve, qu'aux prix les plus élevés.)

138 Camée dur à double face et à deux couches, les
têtes prises dans la masse, monté en épingle :
travail très-précieux du XVIe siècle, où se re-
trouvent toutes les qualités et toute la perfection de l'antique.

Caen, typ. C. Hommais.